LA
Loi Monégasque
de 1907
SUR LE DIVORCE

Prix : **2** francs.

PARIS

AUX BUREAUX DU JOURNAL « LA LOI »

60, quai des Orfèvres, 60

1907

LA

Loi Monégasque

de 1907

SUR LE DIVORCE

Prix : **2** francs.

PARIS

AUX BUREAUX DU JOURNAL « **LA LOI** »

60, quai des Orfèvres, 60

1907

LA LOI MONÉGASQUE DE 1907

SUR LE DIVORCE

Le 3 juillet 1907, Son Altesse le Prince Régnant de Monaco a promulgué une importante ordonnance sur le divorce.

C'est une manifestation nouvelle de l'activité législative de la Principauté : après avoir, sous l'impulsion si remarquable d'un jurisconsulte éminent, M. de Roland, président du Tribunal supérieur, remanié ses Codes, notamment son Code de procédure civile, puis, en 1904, son Code de procédure pénale, ce pays tend à perfectionner de plus en plus sa législation.

La nouvelle ordonnance sur le divorce, qui vient d'être promulguée, s'est inspirée des progrès réalisés par les autres nations, en particulier, par la France ; nous le constatons avec un vif plaisir; et c'est très volontiers aussi que nous reconnaissons que, sur certains points, la législation monégasque est en avance sur la nôtre.

Il nous a paru utile de faire connaître au public français le texte de l'ordonnance du 3 juillet 1907, en en comparant les dispositions, d'une façon extrêmement sommaire, tant à celles de notre Code civil, qu'à celles des principales législations étrangères.

Nous n'avons voulu faire, ni un commentaire de la loi, ni une étude approfondie de droit comparé, mais seulement opérer quelques rapprochements, signaler certains points de contact, qui nous ont semblé intéressants.

TITRE PREMIER

—

Du Divorce

—

CHAPITRE PREMIER

Des causes du divorce

Le chapitre premier du titre I, comprenant les articles 1 à 4, énumère les causes du divorce.

ARTICLE PREMIER

*Le mari pourra demander le divorce pour cause
d'adultère de sa femme.*

Cet article est identique à l'article 229 du Code civil
français. Une disposition analogue se retrouve, d'ailleurs, dans les Codes de presque tous les pays.

ARTICLE 2

*La femme pourra demander le divorce pour cause
d'adultère de son mari, si celui-ci a entretenu une
concubine dans la maison commune, ou si cet adultère constitue un manquement grave aux devoirs
prévus par les articles 181, 182 et 183 C. civ.*

Ici, la loi monégasque se sépare de l'article 230 de
notre Code civil, tel qu'il a été rédigé par la loi du
27 juillet 1884, pour se rapprocher, au contraire, de

l'article 230 du Code de 1804. Celui-ci disposait, en effet, que la femme pouvait demander le divorce pour cause d'adultère du mari « lorsqu'il aura tenu sa concubine dans la maison commune. » La loi du 27 juillet 1884 a établi l'égalité entre les époux à ce point de vue.

Faut-il reprocher au législateur monégasque de ne pasavoir fait de même ? Il serait hasardeux de répondre affirmativement. D'excellents auteurs ont blâmé la modification apportée à l'article 230 par la loi de 1884. MM. Baudry-Lacantinerie, Chauveau et Chéneaux, dans leur *Traité des personnes* (t. III, n° 19, p. 17); disent : « Il est très douteux, à notre avis, qu'en réformant notre loi sur ce point, le législateur de 1884 l'ait améliorée. Nous n'entendons pas contester qu'au point de vue moral, l'adultère du mari soit aussi répréhensible que celui de la femme. Mais ce n'est pas là la question : il s'agit de savoir si l'adultère du mari laisse, au cœur de la femme, une plaie aussi profonde que l'adultère de la femme au cœur du mari, si, d'un côté comme de l'autre, l'adultère rend nécessairement la vie commune insupportable, et doit ouvrir, à ce titre, la porte au divorce. » L'ordonnance qui vient d'être promulguée dans la Principauté, consacre cette manière de voir, qui est également adoptée en Belgique. Le Code civil allemand, au contraire, (art. 1565) admet le système français. Il en est de même du Code civil des Pays-Bas (art. 262), du Code civil roumain (art. 211), de l'article 46 de la loi fédérale suisse du 24 décembre 1874, qui limite toutefois l'action à un délai de six mois depuis que l'époux offensé a eu connaissance de l'adultère.

ARTICLE 3

Les époux pourront réciproquement demander le divorce pour excès, sévices ou injures graves de l'un d'eux envers l'autre.

Cette disposition est identique à l'article 231 de notre Code civil. Sans doute, la notion des « excès, sévices ou injures graves » est bien imprécise. Savoye-Rollin le constatait déjà dans son rapport au Tribunat (Fenet, t. 4, p. 502). Mais, jusqu'ici, on n'a pas trouvé de formule plus satisfaisante pour englober les faits, très variables à vrai dire, qui peuvent aboutir à rendre impossible la vie commune.

Le Code civil allemand (art. 1566 et s.) a énuméré un certain nombre de faits qui, d'après notre jurisprudence, constituent des sévices ou injures graves : il n'a pas reproduit la formule de l'article 231 du Code français. La loi de Guatémala, du 12 février 1894 (*Ann. de Législ. étr.*, 1894, p. 960), procède également par voie d'énumération. L'article 264 du Code civil des Pays-Bas mentionne les blessures graves, ou les sévices de l'un des époux qui mettent en péril la vie de l'autre, ou qui ont causé des blessures graves. L'article 212 du Code civil roumain renferme, au contraire une formule identique à celle des lois monégasque et française. D'après l'article 47 de la loi fédérale Suisse, du 24 décembre 1874, s'il n'existe aucune des causes de divorce déterminées par les articles 45 et 46, et que, cependant, il résulte des circonstances que le lien conjugal est profondément atteint, le tribunal peut prononcer le divorce ou la séparation de corps. En Belgique, c'est l'article 231 du Code Napoléon qui est encore en vigueur.

ARTICLE 4

La condamnation de l'un des époux à une peine afflictive et infamante sera pour l'autre époux une cause de divorce, à la condition, toutefois, que l'époux demandeur n'ait pas connu la condamnation avant le mariage, si elle lui est antérieure.

Ce texte diffère assez sensiblement de l'article 232 de notre Code. En France, une controverse s'est élevée sur le point de savoir s'il était nécessaire que la condamnation fut postérieure au mariage. Un premier système soutient que la condamnation, même antérieure à la célébration du mariage, entraîne le divorce, comme cause péremptoire ; et il s'appuie surtout sur cet argument, que le législateur n'a fait au-

cune distinction. (Delvincourt, *Dr. civ.*, t. I, p. 347 ;
Duranton, *Cours de dr. civ.*, t. II, n⁰ˢ 561. 562 ; Cou-
lon, *Traité du divorce*, t. IV, p. 76 ; Vraye et Gode,
Traité du divorce, t. I, n° 87).

Un second système, plus suivi, enseigne, au contraire, qu'une condamnation antérieure au mariage
n'est pas une cause péremptoire de divorce. (Demo-
lombe, *Dr. civ.*, t. IV, n° 392 ; Aubry et Rau, *Dr. civ.
français*, t. V, § 491 ; Goirand, *Le Divorce*, p. 23 ;
Frémont, *Manuel du divorce*, n° 148 ; Pand. fr.
Rép., v° *Divorce*, n⁰ˢ 968 et suiv.). Mais alors, une
autre question se pose : la condamnation antérieure
au mariage constitue-t-elle une injure grave à l'égard
de l'époux qui l'a ignorée ?

Toutes ces difficultés sont très sagement évitées par
le texte fort simple de l'article 3 de la loi monégasque.

Le Code civil néerlandais tranche également la
question, en déclarant cause de divorce « la condamnation, du chef d'infraction, à un emprisonnement de
quatre ans au plus, *prononcée après le mariage* ».

En Danemarck, le Code Christian dispose qu'en cas
de condamnation, le divorce peut être obtenu au bout
de trois ans, si la condamnation était infamante, et au
bout de sept ans, dans le cas contraire.

L'article 213 du Code civil roumain admet comme
cause de divorce, la condamnation de l'un des époux
aux travaux forcés ou à la réclusion.

ARTICLE 5

*Lorsque l'un des époux sera atteint d'aliénation
mentale, d'épilepsie, de délire alcoolique ou de syphilis, le divorce pourra être demandé par l'autre
époux aux conditions suivantes : 1° si la maladie
est présumée incurable ; 2° si elle est de nature à
compromettre la sécurité ou la santé du conjoint,
ou des enfants nés ou à naître ; 3° en ce qui touche
l'aliénation mentale, si celle-ci a duré trois ans
avant la formation de la demande de divorce ; 4° en
ce qui touche l'épilepsie et le délire alcoolique, si les*

crises sont fréquentes ; 5° en ce qui touche la syphilis, si elle peut être constatée chez le conjoint contre lequel le divorce est demandé, alors même qu'il ne l'aurait, ni communiquée au conjoint demandeur, ni transmise aux enfants communs, et, dans le cas où il l'aurait communiquée ou transmise, alors même qu'il pourrait arguer de son ignorance. — Toutefois, le divorce ne pourra être accordé, si la maladie du conjoint défendeur, contractée antérieurement au mariage, a été, avant la célébration, connue de son conjoint. — L'existence et la présomption d'incurabilité des maladies seront établies par trois médecins experts, désignés par le président du Tribunal supérieur. — La désignation des experts sera faite, s'il y a lieu, par le président du Tribunal supérieur, aussitôt après la tentative de conciliation, laquelle, dans le cas où le divorce serait demandé pour cause de syphilis, devra être faite dans un délai de huit jours à partir de la demande. — L'expertise sera faite dans le plus bref délai possible, au jour fixé par le président du Tribunal supérieur. Elle pourra être complétée ou suppléée, toutes les fois que le Tribunal le jugera utile, par une enquête, et par des preuves écrites. — Dans le cas où le défendeur n'habiterait pas la Principauté, les experts pourront être désignés parmi les médecins en exercice dans le pays où il habitera.

Cet article n'a pas d'équivalent dans notre Code civil : le délire alcoolique, la syphilis rentrent dans la formule vague des excès, sévices et injures graves. Quant à la folie, quels que soient son degré et sa forme, elle n'est pas une cause de divorce. Le Parlement est, il est vrai, saisi d'un projet de loi consacrant cette cause de rupture du lien conjugal.

Diverses législations étrangères, dont la loi monégasque s'est inspirée, ont adopté un système contraire au nôtre. Ainsi, l'article 1569 du Code civil de l'Empire d'Allemagne autorise l'un des époux à demander le divorce, lorsque l'autre est atteint d'une maladie mentale ayant duré au moins trois ans pendant le mariage, et ayant atteint un tel degré, que la communion intellectuelle entre les époux est abolie, et que tout espoir de la rétablir fait défaut.

Il est difficile de trouver une formule plus vague ; celle à laquelle a eu recours la loi monégasque paraît, dans son expression tout au moins, un peu plus précise. Elle laisse cependant la porte ouverte aux expertises médico-légales, dont les résultats sont toujours si douteux.

La loi roumaine range également l'épilepsie et la folie parmi les causes de divorce, mais sans s'y arrêter aussi longuement que la loi monégasque.

En Suède, l'ordonnance royale du 27 avril 1810 admet aussi le divorce pour insanité de l'un des époux ; mais il appartient au juge, après avoir entendu les plus proches parents du malade, ou à défaut, son tuteur, de rechercher avec soin dans quels termes les époux vivaient ensemble, et de savoir, autant que possible, si la folie a été causée ou hâtée par le conjoint, auquel cas, le divorce ne devrait pas être prononcé. Il faut reconnaître que cette disposition ne paraît pas inspirée par une confiance illimitée dans l'harmonie conjugale !

La loi fédérale suisse de 1874 (art. 46) autorise encore le divorce pour aliénation mentale, lorsqu'elle dure depuis trois ans, et est réputée incurable. Ici encore, cette constatation de l'incurabilité ne pourra résulter que d'une expertise, ou de l'appréciation souveraine des Tribunaux.

CHAPITRE II

De la procédure du divorce

Le Chapitre 2 du Titre Ier de l'ordonnance qui vient d'être promulguée dans la Principauté, est consacré à la procédure du divorce, qui présente de nombreuses analogies avec celle qui est établie par notre législation.

ARTICLE 6

L'époux qui voudra former une demande en divorce, sera tenu de présenter en personne sa requête au président du Tribunal supérieur, ou au juge qui sera désigné par le président. — La requête doit exposer les faits; le demandeur y joint les pièces à l'appui, et, s'il y a lieu, une demande d'expertise. — En cas d'empêchement dûment constaté, le président du Tribunal supérieur, ou le juge qu'il a désigné pour recevoir la requête, se transporte, assisté de son greffier, au domicile de l'époux demandeur.

Ce texte se rapproche très sensiblement de l'article 234 de notre Code civil : il exige seulement, en plus, l'exposé des faits et la production des pièces à l'appui, enfin, la demande d'expertise. Cette dernière exigence se réfère aux cas de divorce prévus par l'article 4.

Des dispositions analogues se rencontrent dans l'article 218 du Code civil roumain, et dans la législation belge qui est encore représentée, sur ce point, par l'article 236 du Code Napoléon.

ARTICLE 7

Le tuteur de la personne judiciairement interdite peut, avec l'autorisation du conseil de famille, demander le divorce au nom de l'interdit. — Dans le cas où la demande a pour cause l'aliénation mentale de l'un des conjoints, si l'époux qui demande le divorce est le tuteur de son conjoint interdit, il ne pourra présenter sa requête qu'après avoir provoqué son remplacement comme tuteur. — En cas d'interdiction légale résultant d'une condamnation, la requête à fin de divorce ne peut être présentée par le tuteur que sur la réquisition ou avec l'autorisation de l'interdit. Si la demande est formée contre l'interdit, son tuteur le représente dans le cours de l'instance.

Ce texte distingue l'interdiction légale et l'interdiction judiciaire. En ce qui concerne l'interdit légal, sa disposition est presque identique au dernier alinéa de notre article 234. Elle laisse donc subsister, (et il y a lieu de le regretter) la difficulté qui se soulève dans notre droit : si le tuteur de l'interdit légal se refuse à agir, quel sera le moyen de vaincre sa résistance? Diverses solutions, dont aucune n'est pleinement satisfaisante, ont été proposées par les jurisconsultes français : on eût aimé rencontrer ici une solution législative.

En revanche, notre article 234, § 3, ne statue pas sur le cas où la demande est formée contre l'interdit, et là encore, de graves discussions surgissent : la loi monégasque les évite, en consacrant la représentation par le tuteur.

Quant à l'interdit judiciaire, le Code civil français est muet : peut-il demander le divorce? Il n'y a pas, sur la question, moins de trois systèmes, qu'il serait superflu d'exposer ici (V. Frémont, *Divorce*, nos 168 et suiv.; Vraye et Goge, *Divorce*, t. I, p. 109 et suiv.; Carpentier, *Divorce*, t. II, n° 27; Labbé, note dans Sirey, 89. 2. 177; Challamel, *Notice dans l'Annuaire de législation française*, 1888, p. 47 et 49; Coulon, *Traité du divorce*, t. IV, p. 92; Huc, *Droit civil*, n° 305; Pandectes franç. Rép., v° *Divorce*, nos 1080 et suiv.). La nouvelle loi monégasque a expressément tranché la question.

En Belgique, où l'article 229 du Code Napoléon est encore en vigueur, on décide que le divorce ne peut être demandé contre un interdit (V. Beltjens, *Code civil annoté*, sur l'article 229, nos 6 et 11).

ARTICLE 8

Le juge, après avoir entendu le demandeur, et lui avoir fait les observations qu'il croit convenables, ordonne, au bas de la requête, que les parties comparaîtront devant lui, au jour et à l'heure qu'il indique. — Le juge peut, par la même ordonnance, autoriser l'époux demandeur à résider séparément. Celui-ci choisira sa résidence, mais il ne pourra en changer qu'avec l'autorisation du juge, et à charge d'informer le défendeur du lieu de sa résidence nouvelle.

Ce texte se rapproche sensiblement des articles 235 et 236 de notre Code civil. Il convient de remarquer, toutefois, une différence assez sérieuse en ce qui concerne la désignation de la résidence.

D'après notre article 236, les deux époux ne sont pas traités de la même manière. Si c'est le mari qui obtient le droit d'avoir une résidence séparée, il est libre de la fixer où il lui plaît ; tandis que, si c'est la femme, le juge lui assigne une résidence obligatoire. La loi monégasque place, au contraire, avec raison, les deux époux sur le pied d'égalité ; tous deux peuvent choisir leur résidence, sous la réserve de n'en changer qu'à certaines conditions.

L'article 250 du Code civil roumain n'admet que pour la femme le droit de quitter le domicile conjugal.

ARTICLE 9

La requête et l'ordonnance sont signifiées en tête de la citation donnée à l'époux défendeur, six jours au moins avant le jour fixé pour la comparution, outre les délais de distance, le tout à peine de nullité.

Ce texte est identique à celui de notre article 237, sauf le délai, qui est de six jours au lieu de trois.

ARTICLE 10

Au jour indiqué, les parties sont tenues de comparaître en personne. Elles ne pourront se faire assister d'avocats défenseurs ni de conseils, mais elles auront la faculté de se faire assister, avec l'autorisation du juge, par un parent ou un ami. — Si l'une d'elles se trouve dans l'impossibilité de se rendre auprès du magistrat, celui-ci détermine le lieu où sera tentée la conciliation. — En cas de non-conciliation ou de défaut, il rend une seconde ordonnance qui constate la non-conciliation ou le défaut, et autorise le demandeur à assigner devant le Tribunal. — Le juge, dans cette seconde ordonnance, statue, s'il y a lieu, sur la remise des effets personnels, et autorise les époux à assigner à jour fixe devant le Tribunal supérieur, pour qu'il se prononce sur la garde des enfants; les demandes en provision pour les frais de l'instance ou les aliments, et sur toutes les autres mesures provisoires qui pourraient être nécessaires. — Les mesures urgentes, et celles que réclame l'intérêt des enfants, peuvent être ordonnées par le Tribunal supérieur, soit d'office, soit sur la demande de l'un des membres de la famille, soit sur les réquisitions du ministère public, sans préjudice du droit qu'a toujours le juge de statuer, en tout état de cause, en référé, sur ces mêmes mesures. — Par le fait de la seconde ordonnance du magistrat, qui clôt la tentative de conciliation, et permet de citer, la femme est autorisée, quel que soit son rôle dans l'instance, à faire toutes procédures pour la conservation de ses droits, et à ester en justice jusqu'à la fin de l'instance, et des opérations qui en sont les suites.

Cet article correspond aux cinq premiers alinéas de l'article 238 du Code civil français; mais il existe entre eux de notables différences.

Tout d'abord, l'article 10 de la loi monégasque interdit formellement la présence des avoués ou avocats à la tentative de conciliation. Notre Code civil est muet à cet égard : cependant, presque tous les auteurs se prononcent pour leur exclusion : ils invoquent à la fois l'esprit de la loi, et l'article 877 du Code de procédure civile, qui, en cas de demande de séparation de corps, interdit aux parties de se faire assister de conseils lorsqu'elles comparaissent devant le juge. La loi de la Principauté supprime toute difficulté sur ce point, mais elle présente ceci d'original qu'elle admet l'assistance d'un parent ou d'un ami, *avec l'autorisation du juge.* Cette réserve était nécessaire pour éviter que des hommes de loi ne vinssent, sous couleur d'amitié, conseiller les plaideurs.

L'interdiction de se faire assister d'un défenseur ou de se faire représenter, est également édictée par les articles 218, 220, 224, 231 du Code civil roumain.

En second lieu, l'article 10 ne prévoit pas, comme le fait notre article 238, l'emploi d'une commission rogatoire.

En troisième lieu, les pouvoirs du juge sont beaucoup moins étendus qu'en France : tandis que, chez nous, il statue sur la garde provisoire des enfants, sur les demandes d'aliments, etc., dans la Principauté, il doit renvoyer toutes ces questions à l'examen du tribunal supérieur, qui en est saisi sur l'assignation des parties; ce système peut avoir l'avantage d'éviter les modifications qui, en France, peuvent être prononcées par le tribunal en vertu du § 5 de l'article 238.

Quant à l'autorisation donnée à la femme de suivre la procédure, la disposition de la loi monégasque est identique à celle de notre article 238.

ARTICLE 11

Le juge, suivant les circonstances, avant d'autoriser le demandeur à citer, peut ajourner les parties à un délai qui n'excède pas trente jours, sauf à ordonner ou provoquer les mesures provisoires nécessaires. L'époux demandeur en divorce devra user de la permission de citer qui lui a été accordée par l'ordonnance du président, dans un délai de trente jours à partir de cette ordonnance ; faute par l'époux demandeur d'avoir usé de cette permission dans ledit délai, les mesures provisoires ordonnées à son profit cesseront de plein droit.

Sauf que les délais d'ajournement et d'usage de la permission de citer sont de trente jours au lieu de vingt, cet article est identique aux trois derniers alinéas de l'article 238 de notre Code.

Une forclusion analogue à celle qu'édicte cet article, se retrouve dans l'article 1571 du Code civil allemand : la sommation de comparaître au jour fixé pour la tentative de conciliation perd ses effets, lorsque l'époux qui a le droit d'intenter l'action ne comparaît pas en conciliation, ou lorsque trois mois se sont écoulés depuis la fin de la procédure de conciliation, et que l'action n'a pas été intentée auparavant.

ARTICLE 12

*La cause est instruite et jugée dans la forme ordi-
naire, le ministère public entendu. Le demandeur
peut, en tout état de cause, transformer sa demande
en divorce en demande en séparation de corps. Les
demandes reconventionnelles en divorce peuvent
être introduites par un simple acte de conclusions.
Le Tribunal supérieur peut ordonner le huis-clos.
Celui-ci sera obligatoire dans toutes les instances
relatives à l'un des cas prévus par l'article 5. La
reproduction des débats par la presse est, dans tous
les cas, interdite, sous peine de l'amende édictée par
l'article 272 C. pén. — Lorsqu'il y a lieu à enquête,
elle est faite conformément aux articles 309 et suivants C. proc. civ.*

Ce texte ne présente que de légères différences avec
notre article 239. Il convient de remarquer qu'il déclare
le huis-clos obligatoire, dans toutes les instances relatives à l'un des cas prévus par l'article 5. C'est là une
mesure très sage : on n'avait pas à l'édicter chez nous,
puisque les causes du divorce énumérées à l'article 5
de la loi monégasque ne sont pas expressément pré-
vues par notre législation.

Le huis-clos est également exigé par l'article 223 du
Code civil roumain.

Comme chez nous, la transformation de la demande
de divorce en demande de séparation, est possible en
tout état de cause.

ARTICLE 13

*Si le demandeur, autorisé à habiter séparément,
abandonne sa résidence sans en avoir obtenu l'autorisation du président du Tribunal supérieur, ou
sans en avoir donné avis au défendeur, le Tribunal
supérieur pourra suspendre le payement de la pension alimentaire, et déclarer le demandeur non-
recevable à continuer ses poursuites jusqu'à ce qu'il
ait été régulièrement autorisé à changer de rési-*

dence, et ait fait connaître au défendeur le lieu où
il a établi sa résidence nouvelle.

Ce texte diffère, sur certains points, de notre article 241, auquel il correspond. Ce dernier, en effet, ne vise que la femme, tandis que l'article 13 de la loi monégasque parle du demandeur, en général. C'est la conséquence de l'article 8, qui, comme on l'a vu ci-desssus, ne fait pas, à ce point de vue, de différence entre le mari et la femme.

En second lieu, chez nous, le mari peut, par le seul fait que la femme a abandonné sa résidence, refuser la pension alimentaire ; d'après la loi monégasque, il appartiendra au tribunal supérieur de suspendre le paiement : il est, bien entendu, libre d'apprécier si cette suspension doit ou non être prononcée. Ce système est plus équitable que le système français.

Enfin, le demandeur (que ce soit le mari ou la femme) est non recevable à continuer ses poursuites jusqu'à la régularisation de la résidence de son adversaire. Chez nous, une jurisprudence aujourd'hui constante admet que l'abandon de la résidence par la femme n'entraîne qu'un refus d'audience, et ne constitue pas une fin de non-recevoir absolue contre l'action. (Paris, 24 décembre 1885, *La Loi* du 23 juin 1886. — Poitiers, 29 novembre 1886, Pand. fr. pér., 87. 2. 22. — Goirand, p. 210 ; Huc, t. 2, n° 348 ; Coulon, t. 4, p. 276). Mais il faut reconnaître que le texte de l'article 241 *in fine* aurait pu faire naître un doute : l'article 13 de la loi monégasque présente, au contraire, toute la précision désirable.

ARTICLE 14

L'un ou l'autre des époux peut, dès la première
ordonnance, et sur l'autorisation du juge, donnée à
la charge d'en référer, prendre, pour la garantie de
ses droits, des mesures conservatoires, notamment
requérir l'apposition des scellés sur les biens de la
communauté. — Le même droit appartient à la
femme, même non commune, pour la conservation
de ceux de ses biens dont le mari a l'administration

ou la jouissance. — Les scellés sont levés à la requête de la partie la plus diligente ; les objets ou valeurs sont inventoriés et prisés ; l'époux qui est en possession en est constitué gardien judiciaire, à moins qu'il n'en soit décidé autrement.

Cet article est identique à l'article 242 de notre Code civil. Il laisse donc subsister une grosse controverse qui est pendante chez nous : l'article 242 ne limitant pas les mesures conservatoires qui peuvent être ordonnées dans l'intérêt de la femme, les juges ont-ils à cet égard un pouvoir discrétionnaire, et peuvent-ils confier l'administration des biens de la femme et de la communauté, soit à un tiers, soit à la femme elle-même ? La question n'a pas fait naître moins de quatre systèmes. (V. leur exposé Pand. fr. Répertoire, v° *Divorce*, n° 1920 et s.). Il eût été bon de la trancher législativement.

ARTICLE 15

Toute obligation contractée par le mari à la charge de la communauté, postérieurement à la date de la première ordonnance du magistrat permettant de citer en conciliation sera déclarée nulle, s'il est prouvé, d'ailleurs, qu'elle a été faite ou contractée en fraude des droits de la femme. — Le mari ne pourra, postérieurement à l'ordonnance ci-dessus visée, aliéner aucun immeuble dépendant de la communauté, qu'avec l'autorisation du Tribunal supérieur.

Cet article se rapproche sensiblement de l'article 243 de notre Code civil, avec lequel il présente cependant une différence notable. Notre article 243 englobe dans une même prohibition l'aliénation des meubles et celle des immeubles, et applique à toutes les deux la nécessité de la preuve de la fraude.

La loi monégasque distingue : elle règle, comme l'article 243, l'aliénation des meubles ; quant à celle des immeubles, elle la déclare possible avec l'autorisation du tribunal supérieur. Cette autorisation rend inutile la prévision de la fraude : le juge saura la déjouer.

ARTICLE 16

Si les époux se sont réconciliés, soit depuis les faits allégués dans la demande, soit depuis cette demande, le demandeur est déclaré non recevable dans son action. Il peut, néanmoins, en intenter une nouvelle, pour cause survenue ou découverte depuis la réconciliation, et se prévaloir des anciennes causes à l'appui de sa nouvelle demande. — L'époux qui aura obtenu le divorce, ou, s'il est décédé, ses ascendants, pourront effectuer, dans les délais fixés, la transcription du jugement de divorce, alors même que l'époux contre lequel ce jugement aura été prononcé serait décédé.

Le paragraphe 1er de cet article est, sauf une légère différence de rédaction, identique aux paragraphes 1er et 2 de l'article 244 de notre Code civil ; il ne tranche pas, d'ailleurs, une question qui a été très vivement discutée, notamment par M. Labbé (note, Sirey, 85. 2. 49), et qui consiste à savoir si la réconciliation existe, indépendamment du consentement du défendeur, et par le seul fait de la renonciation unilatérale de l'offensé au droit de se prévaloir de l'offense, ou si elle n'implique pas, au contraire, un accord de volontés.

Le second alinéa de l'article 16 de la loi monégasque ne dit pas expressément, comme le fait le paragraphe 3 de notre article 244, que l'action en divorce s'éteint par le décès de l'un des époux. Mais son texte suppose bien ce principe, puisqu'il ne vise que la transcription du jugement de divorce faite après le décès de celui qui l'a obtenu.

L'exception de réconciliation consacrée par l'article 16 de la loi mogénasque, comme par l'article 244 du code civil français, se retrouve également dans le Code civil de l'Empire allemand. Son article 1570 porte que le droit au divorce s'éteint par le pardon, dans les cas des articles 1565 à 1568 (adultère, attentat à la vie, abandon, etc...). D'après l'article 1571, dans ces mêmes cas, l'action en divorce doit être intentée dans les six mois à partir du moment où l'époux a eu connaissance de la cause de divorce. L'action est exclue, lorsque, depuis l'existence de la cause de divorce, il s'est écoulé dix ans.

Enfin, les articles 1572 et 1573 admettent, comme la loi monégasque, qu'une cause de divorce, même lorsque le délai déterminé à l'art. 1571 pour la faire valoir est écoulé, peut être invoquée au cours du procès, pourvu que ce délai ne fût pas encore écoulé au moment de l'intentement de l'action, et que les faits sur lesquels une action en divorce ne peut plus être basée, peuvent être invoqués pour appuyer une action en divorce fondée sur d'autres faits.

Des dispositions analogues figurent encore dans les articles 271 et 272 du Code civil des Pays-Bas et dans l'article 251 du Code civil roumain.

ARTICLE 17

Lorsque la demande en divorce a été formée pour toute autre cause qu'une maladie mentale, ou la condamnation de l'un des époux à une peine afflictive et infamante, le Tribunal, encore que cette demande soit bien établie, peut ne pas prononcer immédiatement le divorce. — Dans ce cas, il maintient ou prescrit l'habitation séparée, et les mesures provisoires pendant un délai qui ne peut excéder un an. — Après le délai fixé par le Tribunal, si les époux ne se sont pas réconciliés, chacun d'eux peut faire citer l'autre à comparaître devant le Tribunal, dans le délai de la loi, pour entendre prononcer le jugement de divorce.

Cet article est (sauf en ce qui concerne l'aliénation mentale), analogue à l'article 246 de notre code civil. Il fixe, toutefois, à un an au lieu de six mois, le délai d'épreuve.

ARTICLE 18

Lorsque l'assignation n'a pas été délivrée à la partie défenderesse en personne, et que cette partie fait défaut, le Tribunal peut, avant de prononcer le jugement sur le fond, ordonner l'insertion au Journal de Monaco, *et l'affichage à la mairie et dans les études de notaire de la Principauté, d'un avis invitant le défendeur à se présenter au greffe du Tribunal supérieur, où il lui sera donné connaissance de la demande formée contre lui. — Si la signification n'a pas été faite à personne, le président ordonne, sur une simple requête, qu'un extrait du jugement sera publié au* Journal de Monaco, *et affiché à la mairie et dans les études de notaire. — L'opposition devra, à peine de nullité, être notifiée dans le mois de la signification du jugement, lorsque la signification aura été faite à la personne du défaillant. Dans le cas contraire, l'opposition sera recevable dans les six mois qui suivent le dernier acte de publicité.*

Sauf une légère différence de rédaction, et la suppression du paragraphe relatif à l'huissier commis, cet article est la reproduction de l'article 247 de notre Code civil.

ARTICLE 19

Le jugement qui prononce le divorce n'est pas susceptible d'acquiescement.

L'article 249, introduit chez nous par la loi du 18 avril 1886, renferme une disposition identique. Il exclut évidemment l'acquiescement formel, et même celui qui résulterait d'actes positifs d'exécution volontaire. (Caen, 19 février 1889, Sirey, 90, 2. 217). Mais il ne rend pas impossible l'acquiescement tacite. (V° Pand. franç. Rép., v° *Divorce*, n° 2317).

ARTICLE 20

Le dispositif du jugement devenu définitif est transcrit sur les registres de l'état civil de Monaco.

— Si l'acte de mariage figure sur ces registres, mention est faite en marge du jugement prononçant le divorce.

Ce texte est la reproduction du premier alinéa et de la première phrase du second paragraphe de notre article 251. La loi monégasque ne prévoit pas, comme notre loi du 18 avril 1886, le cas où le mariage a été célébré à l'étranger.

ARTICLE 21

La transcription est faite à la diligence de la partie qui a obtenu le divorce ; à cet effet, la décision est signifiée dans un délai de deux mois, à partir du jour où elle est devenue définitive, à l'officier de l'état civil, pour être transcrite sur les registres. — A cette signification doit être joint un certificat du greffier du Tribunal supérieur, indiquant la date de la signification du jugement faite au domicile de l'autre partie, et constatant que le jugement n'est ni frappé, ni susceptible d'opposition ou de pourvoi. — Cette transcription est faite par l'officier de l'état civil, le cinquième jour de la réquisition, non compris les jours fériés, sous les peines édictées par l'art. 41 C. civ. — A défaut, par la partie qui a obtenu le divorce, de faire la signification dans le premier mois, l'autre partie a le droit, concurremment avec elle, de faire cette signification dans le mois suivant. — A défaut par les parties d'avoir requis la transcription dans le délai de deux mois, le jugement de divorce est considéré comme nul et non avenu. — Le jugement dûment transcrit remonte, quant à ses effets entre époux, au jour où a été lancée la citation à comparaître devant le Tribunal supérieur.

Cet article réglemente la transcription du jugement, dans les mêmes termes et les mêmes formes que l'article 252 de notre Code civil.

ARTICLE 22

Lorsque le jugement qui prononce le divorce aura été rendu définitif par la transcription, un extrait en sera inséré au Journal de Monaco, *affiché pendant trois mois à la mairie et dans les études de notaire.*

L'article 250 de notre Code civil organise une publicité du jugement qui se rapproche sensiblement de celle que prescrit l'ordonnance monégasque ; mais cette dernière ne l'ordonne qu'après que le jugement est devenu définitif par la transcription.

CHAPITRE III

Des effets du divorce

Le chapitre III du Titre premier, comprenant les articles 23 à 30, est consacré aux effets du divorce.

ARTICLE 23

Les époux divorcés peuvent toujours se réunir. Il est alors procédé à une nouvelle célébration du mariage. Mais les époux ne peuvent adopter un régime matrimonial autre que celui qui réglait originairement leur union.

L'article 295 de notre Code civil admet bien aussi la possibilité d'un nouveau mariage des époux divorcés, à condition qu'ils reprennent leur régime matrimonial primitif. Mais, de plus, il porte que les deux époux ainsi réunis ne pourront plus divorcer, sauf en cas de condamnation à une peine afflictive et infamante. Cette prohibition ne figure pas dans l'ordonnance monégasque, et il est permis de le regretter. Plus sévère, l'article 277 du Code civil roumain décide que les époux divorcés ne peuvent plus se réunir.

ARTICLE 24

La femme divorcée pourra se remarier aussitôt après la transcription du jugement ayant prononcé le divorce, si toutefois il s'est écoulé trois cents jours après le premier jugement préparatoire, interlocutoire, ou au fond, rendu dans la cause. — Lorsque le divorce aura été prononcé conformément aux dispositions de l'article 36 ci-après, la femme divorcée pourra se remarier aussitôt après la transcription du jugement convertissant la séparation de corps en divorce.

Ce texte diffère d'une façon notable de notre ancien article 296, auquel il correspond. Chez nous, en effet, la femme ne pouvait se remarier que dix mois après que le divorce est devenu définitif. Mais la loi du 13 juillet 1907 a donné aux articles 296 et 297 une rédaction identique à celle de l'article 24 ci-dessus.

La loi monégasque n'interdit pas à l'époux condamné pour adultère de se marier avec son complice. Cette prohibition, édictée par certaines législations, (Code civil roumain, art. 279) a disparu de notre Code civil en vertu de la loi du 13 juillet 1907.

D'après l'article 48 de la loi fédérale suisse du 24 décembre 1874, en cas de divorce pour cause déterminée, l'époux contre lequel le divorce a été prononcé, ne peut contracter un nouveau mariage avant le délai d'un an après le divorce prononcé. Ce délai peut même être étendu à trois ans par le jugement. Il y a donc là une véritable pénalité, et non plus une précaution destinée à éviter la confusion de parts.

ARTICLE 25

L'époux contre lequel le divorce aura été prononcé perdra tous les avantages que l'autre époux lui avait faits, soit par contrat de mariage, soit depuis le mariage. — Par l'effet du divorce, chacun des époux reprend l'usage de son nom.

Ce texte est identique à l'article 299 de notre Code civil, complété par la loi du 6 février 1893.

Au sujet de l'usage du nom, l'article 1577 du nouveau Code allemand porte : La femme divorcée garde le nom de famille du mari. La femme peut reprendre son nom de famille. Si elle était mariée avant d'avoir contracté le mariage dissous, elle peut aussi reprendre le nom de famille qu'elle avait lors de ce mariage, à moins que seule, elle n'ait été déclarée coupable. La reprise du nom se fait par déclaration à l'autorité compétente ; la déclaration doit être faite en forme authentique. Si la femme a été seule déclarée coupable, le mari peut lui interdire le port de son nom. L'interdiction se fait par déclaration à l'autorité compétente ; cette déclaration doit être donnée en forme authentique. L'autorité la communique à la femme. Avec la perte du nom du mari, la femme reprend son nom de famille.

ARTICLE 26

L'époux qui aura obtenu le divorce conservera les avantages à lui faits par l'autre époux, encore qu'ils aient été stipulés réciproques, et que la réciprocité n'ait pas lieu.

Ce texte est identique à l'article 300 de notre Code civil.

Des dispositions analogues à celles des articles 25 et 26 se retrouvent dans les articles 277 et 278 du Code civil des Pays-Bas, et dans l'article 280 du Code civil roumain.

ARTICLE 27

Si les époux ne s'étaient fait aucun avantage, ou si ceux stipulés ne paraissent pas suffisants pour assurer la subsistance de l'époux qui a obtenu le divorce, le Tribunal pourra lui accorder, sur les biens de l'autre époux, une pension alimentaire qui ne pourra excéder le tiers des revenus de cet autre époux. Cette pension sera révocable dans le cas où elle cesserait d'être nécessaire.

Cet article est la reproduction textuelle de l'article 301 de notre Code civil. Ce dernier soulève une controverse : la pension peut-elle encore être demandée après le jugement de divorce ? La jurisprudence actuelle se prononce pour l'affirmative (V. Paris, 15 mars 1887, *La Loi* du 5 juin 1887. — Paris, 16 juin 1888, Pand. fr. pér., 88. 2. 257. — Cass., 10 mars 1891, Pand. fr. pér., 91. 1. 163). Mais la question n'en reste pas moins discutable en droit, et il eût été bon de la trancher législativement.

L'article 281 du Code civil roumain renferme une disposition identique. L'article 1584 du Code civil allemand prononce la révocation des donations faites pendant les fiançailles, ou pendant le mariage. Les articles 1578, 1579 et 1580 du Code civil allemand règlent aussi les conditions dans lesquelles est due l'obligation alimentaire.

ARTICLE 28

Lorsque le divorce est prononcé pour cause de maladie mentale des époux, le Tribunal détermine de quelle manière il sera pourvu à l'entretien du malade. Il détermine également, dans tous les cas visés à l'article 5, suivant qu'il y a eu faute ou non de l'époux contre lequel le divorce a été prononcé, s'il y a lieu de retirer ou de maintenir à celui-ci les avantages qui lui avaient été faits par son conjoint.

Cet article n'a pas de correspondant dans notre Code, qui ne met pas les maladies mentales au rang des causes de divorce. L'article 1583 du Code civil allemand, au contraire, dispose que, si le divorce est prononcé du chef d'une maladie mentale de l'un des époux, l'autre époux doit fournir à ce dernier les aliments, de la même manière qu'un époux seul déclaré coupable.

ARTICLE 29

Les enfants seront confiés à l'époux qui a obtenu le divorce, à moins que le Tribunal, sur la demande de la famille ou du ministère public, n'ordonne, pour le plus grand avantage des enfants, que tous ou quelques-uns d'entre eux seront confiés aux soins, soit de l'autre époux, soit d'une tierce personne. — Quelle que soit la personne à qui les enfants seront

confiés, les père et mère conserveront respective-
ment le droit de surveiller l'entretien et l'éducation
de leurs enfants, et seront tenus d'y contribuer à
proportion de leurs facultés.

Cet article est la reproduction textuelle des articles
302 et 303 de notre Code civil. Comme chez nous, les
juges du fait sont investis d'un pouvoir souverain
d'appréciation pour choisir la personne à laquelle les
enfants doivent être confiés.

L'article 285 du Code civil néerlandais renferme des
dispositions analogues, ainsi que les articles 282 et 283
du Code civil roumain.

ARTICLE 30

La dissolution du mariage par le divorce admis
en justice, ne privera les enfants nés de ce mariage
d'aucun des avantages qui leur étaient assurés par
les lois, ou par les conventions matrimoniales de
leurs père et mère; mais il n'y aura d'ouverture
aux droits des enfants que de la même manière et
dans les mêmes circonstances où ils se seraient ou-
verts s'il n'y avait pas eu de divorce.

Cet article est exactement semblable à l'article 304
de notre Code civil, à l'article 284 du Code civil roumain, et aux articles 286, 287 du Code civil néerlandais.

TITRE II

De la séparation de corps

Comme la plupart des législations, l'ordonnance monégasque laisse subsister la séparation de corps à côté du divorce ; elle lui consacre ses articles 31 à 39.

CHAPITRE PREMIER

Des causes et des effets de la séparation

ARTICLE 31

Dans les cas où il y a lieu à demande en divorce, il sera libre aux époux de former une demande en séparation de corps.

Cet article est identique à l'article 306 de notre Code civil. Il y a lieu de tenir compte de ce fait, que l'article 5 de la loi monégasque consacre des causes de divorce que ne reconnaît pas la loi française, notamment la folie.

Le Code civil allemand de 1900 admet également la séparation de corps à côté du divorce. D'après les articles 1575 et 1576, l'époux qui a le droit d'agir en divorce, peut demander la cessation de la vie commune. Si l'autre époux demande le divorce pour le cas où la demande serait fondée, il y a lieu de prononcer le divorce. S'il a été prononcé sur la cessation de la vie commune, chacun des époux, en se basant sur le jugement, peut demander le divorce, à moins que, depuis le prononcé du jugement, la vie commune n'ait été rétablie.

La séparation de corps existe aussi avec le divorce, en Angleterre. (*Act.* de 1895, 58 et 59, Victoria C. 39. *Ann. législ. étr.* 1895, p. 3), dans les Pays-Bas (C. civ. art. 288 et suiv.), et en Suisse (Loi fédérale du 24 décembre 1874, art. 47 et suiv.). Elle est le seul régime admis par les pays catholiques, comme l'Espagne, l'Italie, etc...

ARTICLE 32

Le tuteur de la personne judiciairement interdite peut, avec l'autorisation du conseil de famille, présenter la requête, et suivre l'instance à fin de séparation.

Cette disposition est identique au deuxième alinéa de l'article 307 de notre Code civil.

ARTICLE 33

Le premier paragraphe de l'article 16 est applicable à la séparation de corps. — Si le décès de l'un des époux survient avant que le jugement qui a prononcé le divoce soit passé en force de chose jugée, ce jugement sera considéré comme nul et non avenu, à moins qu'avant la date où il serait devenu définitif, le conjoint qui a obtenu la séparation, ou, s'il est décédé, ses ascendants, n'en aient demandé l'exécution.

Cet article n'a pas de correspondant dans notre Code civil.

ARTICLE 34

Le jugement qui prononce la séparation, ou un jugement postérieur, interdira, sur la seule demande de son conjoint, à l'époux contre lequel la séparation a été prononcée, soit de porter le nom de son conjoint, soit de l'adjoindre à son propre nom. — Si les demandes relatives au nom font l'objet d'un jugement postérieur, mention sera faite de ce jugement en marge de celui qui a prononcé la séparation. Les articles 25, § 1er, 26, 27, 28 et 29 sont applicables à la séparation de corps.

Cet article diffère, d'une façon sensible, de notre article 311. Ce dernier dit que le jugement peut interdire... » ; tandis que l'article 34 de la loi monégasque est impératif. En outre, les décisions relatives au nom reçoivent une publicité qui est inconnue dans notre droit.

ARTICLE 35

La séparation de corps emporte toujours la séparation de biens. — Elle a, en outre, pour effet de rendre à la femme le plein exercice de sa capacité civile, et la dispense de recourir à l'autorisation de son mari ou de justice. — Néanmoins, toute signification faite à la femme séparée, ou à sa requête, en matière de questions d'état, doit être également adressée au mari à peine de nullité.

Les deux premiers alinéas de cet article correspondent aux §§ 2 et 3 de l'article 311 de notre Code civil, tel qu'il a été rédigé par la loi du 6 février 1893. Quant au § 3, il n'a pas d'analogue chez nous.

ARTICLE 36

Lorsque la séparation de corps aura duré trois ans, chacun des époux pourra demander au Tribunal supérieur, soit de convertir en jugement de divorce le jugement de séparation de corps, soit de prononcer par un nouveau jugement, que tous les effets dérivant, quant à leurs biens, tant du mariage que du contrat de mariage, cesseront du jour où ce jugement sera passé en force de chose jugée, comme au cas de dissolution du mariage, sous la réserve des droits subordonnés au prédécès de l'un d'eux, et sauf l'application des articles 25, § 1er, 26, 27 et 28. Lorsqu'il y a des enfants isssus du mariage, l'inaliénabilité dotale n'est pas supprimée. — Mention de ce nouveau jugement sera faite en marge de celui qui a prononcé la séparation. — La demande de conversion du jugement de séparation de corps en jugement de divorce sera introduite et jugée conformément aux dispositions de l'article 39 ci-après.

Ce texte règle la conversion de la séparation en divorce.. Contrairement à ce qui a lieu en vertu de notre article 310, le demandeur peut obtenir, soit la conversion en divorce, soit la cessation des effets du mariage quant aux biens. C'est l'établissement d'un état spécial, qui n'a pas d'analogue chez nous, ou qui, tout au moins, se rapproche de la séparation de biens.

ARTICLE 37

Si les époux mettent fin à la séparation de corps par leur réconciliation, ils sont placés de plein droit sous le régime matrimonial auquel ils étaient soumis au jour de la célébration du mariage.— Toutefois, le rétablissement de ce régime n'est opposable aux tiers que si la reprise de la vie commune a été constatée : 1° par une déclaration au greffe du Tribunal supépieur, dont il est gardé minute ; 2° par la mention de cette déclaration en marge du jugement qui a prononcé la séparation ; 3° par sa publication en la forme prescrite pour le jugement de séparation de corps.

Cet article peut être rapproché du dernier alinéa de notre article 311, dont il diffère, toutefois, d'une façon sensible.

CHAPITRE II

Procédure de la séparation de corps

La procédure, en matière de séparation de corps, est réglée, chez nous, par un simple renvoi au droit commun, que fait l'article 307 du Code civil, et sous la réserve de l'application des articles 236 à 244. Dans la loi monégasque, au contraire, il existe des |prescriptions spéciales, qui sont formulées par les articles 38 et 39.

ARTICLE 38

L'époux qui voudra se pourvoir en séparation de corps, sera tenu de présenter au président du Tribunal supérieur, ou au juge qui lui sera désigné par le président, requête contenant sommairement les faits ; il y joindra les pièces à l'appui, et, s'il y a lieu, dans les cas prévus par l'article 5, une demande d'expertise.

ARTICLE 39

Les articles 8, 9, 10, 11, 12, 13, 14 et 15 ci-dessus sont applicables à la séparation de corps. — Un extrait du jugement prononçant la séparation sera publié conformément à l'article 22. — La demande de conversion du jugement de séparation en jugement de divorce, présentée par l'un des époux conformément à l'article 36, est introduite par assignation à huit jours francs, en vertu d'une ordonnance rendue par le président. — Elle sera débattue en chambre du conseil. — L'ordonnance nommera un juge rapporteur, ordonnera la communication au ministère public, et fixera le jour de la comparution. — Le jugement sera rendu en audience publique.

L'article 39, comme notre article 310, prescrit le débat en chambre du Conseil, et le prononcé du jugement en audience publique.

En Allemagne, la procédure de la séparation de corps est régie par les articles 568 et suivants du Code de procédure civile. L'article 572 exige, comme l'article 38 ci-dessus, que les parties se présentent en personne au jour fixé. Il en est de même de l'article 807 du Code de procédure civile italien.

TITRE III

Dispositions communes au divorce et à la séparation de corps, et dispositions transitoires

ARTICLE 40

Les articles 209, 283, 402, 1308 et 1362 C. civ. sont modifiés comme il suit :

Art. 209. — En cas de jugement, ou même de demande, soit de divorce, soit de séparation de corps, le mari peut désavouer l'enfant né trois cents jours après la décision qui a autorisé la femme à avoir un domicile séparé, et moins de cent quatre-vingts jours depuis le rejet définitif de la demande, ou depuis la réconciliation. — L'action de désaveu n'est pas admise s'il y a eu réunion de fait entre les époux.

Art. 283. — Cette jouissance n'aura pas lieu au profit de celui des père et mère contre lequel le divorce ou la séparation de corps aura été prononcé, et elle cessera à l'égard de la mère, dans le cas d'un second mariage.

Art. 402. — A l'exception des ascendants, des descendants et des époux, nul ne sera tenu de conserver la tutelle d'un interdit au delà de dix ans. A l'expiration de ce délai, le tuteur pourra demander et devra obtenir son remplacement. — Dans le cas où un époux, tuteur de son conjoint interdit, voudra former une demande en divorce contre lui, il devra, au préalable, provoquer la nomination d'un nouveau tuteur.

Art. 1308. — La femme divorcée ou séparée de

corps qui n'a pas, dans les trois mois et quarante jours après le divorce ou la séparation définitivement prononcé, accepté la communauté, est censée y avoir renoncé, à moins qu'étant encore dans le délai, elle n'en ait obtenu la prorogation en justice, contradictoirement avec le mari, ou lui dûment appelé.

Art. 1362. — Lorsque la dissolution de la communauté s'opère par le divorce ou par la séparation de corps, il n'y a pas lieu à la délivrance actuelle du préciput, mais l'époux, qui a obtenu, soit le divorce, soit la séparation de corps, conserve ses droits au préciput en cas de survie. Si c'est la femme, la somme ou la chose qui constitue le préciput reste toujours provisoirement au mari, à la charge de donner caution.

L'article 209, modifié, est identique au § 2 de l'article 313 de notre Code civil, tel qu'il a été rédigé par la loi du 18 avril 1886.

L'article 283, relatif à la jouissance légale, est la reproduction de notre article 386.

L'article 1308 modifié est identique à l'article 1463 de notre Code civil.

L'article 1362 modifié est également identique à notre article 1518.

ARTICLE 41

L'article 309 C. proc. civ. est modifié ainsi qu'il suit : « Nul ne pourra être entendu comme témoin, à peine de nullité de sa déposition, s'il est parent ou allié en ligne directe de l'une des parties, ou son conjoint, même séparé de corps ou divorcé. — Exception est faite pour les causes de divorce, de séparation de corps, et autres questions d'état. Dans ces causes, les descendants seuls ne pourront être entendus. »

ARTICLE 42

L'article 128-3° C. proc. pén. est modifié comme il suit : — « Son conjoint, même après la séparation de corps ou le divorce. »

ARTICLE 43

Le paragraphe 2 de l'article 353 C. pén. sera applicable dans les cas d'instance en divorce.

ARTICLE 44

*L'article 20 C. comm. est modifié comme il suit :
— « Tout jugement qui prononcera un divorce ou une séparation de corps entre mari et femme dont l'un serait commerçant, sera soumis aux formalités prescrites par l'article 825 C. proc. civ. ; à défaut de quoi, les créanciers seront toujours admis à s'y opposer pour ce qui touche leurs intérêts, et à contredire toute liquidation qui en aurait été la suite. »*

ARTICLE 45

Les instances en séparation de corps pendantes au moment de la promulgation de la présente ordonnance, pourront être converties par le demandeur en demandes de divorce. La procédure spéciale du divorce sera suivie à partir du dernier acte valable de la procédure en séparation de corps. — Pourront être convertis en jugements de divorce, comme il est dit ci-dessus à l'article 36, tous jugements de séparation de corps antérieurs à la promulgation de la présente ordonnance, devenus définitifs depuis trois ans.

ARTICLE 46

Toutes dispositions contraires à celles de la présente ordonnance sont abrogées.

Paris. — Imp. J. Gainche, R. Tancrède, succ., 15, rue de Verneuil.

RECUEIL

DES

LOIS USUELLES

ET DES

DÉCRETS, ARRÊTÉS ET CIRCULAIRES

D'INTÉRÊT GÉNÉRAL

PARAISSANT AU FUR ET A MESURE DE LA PROMULGATION

DES LOIS

(au moins une fois par mois)

Par livraisons de 12, 16, 24 ou 32 pages

AVEC NOTES MARGINALES ET TABLES

Vingt-sixième année

ABONNEMENTS :

Un an, France et Algérie...................... 3 fr.   »
Etranger, union postale...................... 4 fr.   »
Autres pays................................... 5 fr. 50

PARIS

Bureaux : 60, quai des Orfèvres

LA LOI

JOURNAL JUDICIAIRE QUOTIDIEN

FEUILLE OFFICIELLE D'ANNONCES LÉGALES

*Le plus complet
le mieux renseigné et le moins cher de tous
les journaux judiciaires.*

ABONNEMENTS :

Trois mois.. 9 fr.
Six mois... 16 »
Un an.. 28 »

Etranger : Port en sus.

Directeur : **H. FRENNELET**

PARIS

Bureaux : 60, quai des Orfèvres.